Impressum
Verlag: BABADADA GmbH, Nedderfeld 112 , 22529 Hamburg
Geschäftsführer / Verlagsleitung: Harald Hof
Druck: Books on Demand GmbH, In de Tarpen 42, 22848 Norderstedt

Imprint
Publisher: BABADADA GmbH, Nedderfeld 112 , 22529 Hamburg, Germany
Managing Director / Publishing direction: Harald Hof
Print: Books on Demand GmbH, In de Tarpen 42, 22848 Norderstedt, Germany

sekolah

ትምህርት ቤት

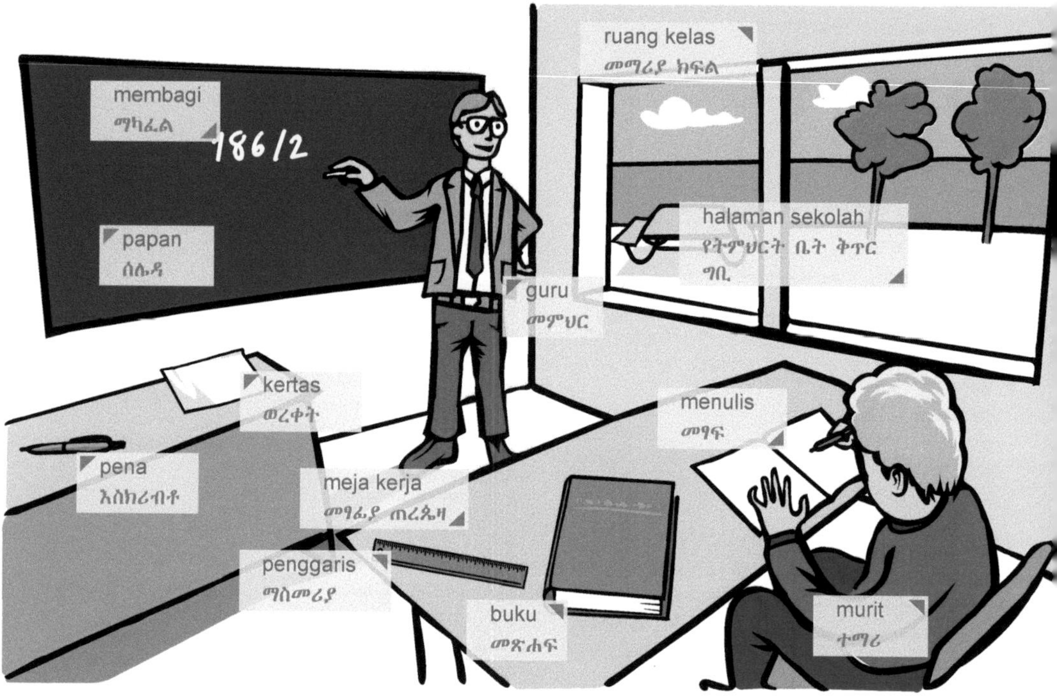

ruang kelas
መማሪያ ክፍል
membagi
ማካፈል
186/2
papan
ሰሌዳ
halaman sekolah
የትምህርት ቤት ቅጥር ግቢ
guru
መምህር
kertas
ወረቀት
menulis
መፃፍ
pena
እስክሪብቶ
meja kerja
መፃፊያ ጠረጴዛ
penggaris
ማስመሪያ
buku
መጽሐፍ
murit
ተማሪ

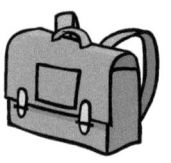

tas sekolah

የጀርባ ቦርሳ

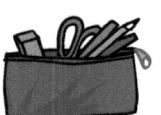

tempat pensil

የእርሳስ መያዣ

pensil

እርሳስ

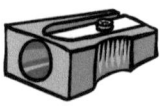

pengasah pensil

የእርሳስ መቅረጫ

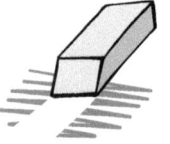

penghapus

ላጲስ

kertas gambar

የስዕል ደብተር

gambar

ስዕል

kuas

የቀለም ብሩሽ

kotak cat

የቀለም ሳጥን

gunting

መቀስ

lem

ማጣበቂያ

buku latihan

መልመጃ ደብተር

pekerjaan rumah

የቤት ስራ

angka

ቁጥር

tambhakan

መደመር

mengurangi

መቀነስ

mengalikan

ማባዛት

menghitung

ቁጥሮችን ማስላት

huruf

ደብዳቤ

alfabet

ፊደላት

kata

ቃል

teks

ፅሑፍ

membaca

ማንበብ

kapur

ጠመኔ

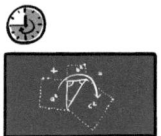

pelajaran

ትምህርት

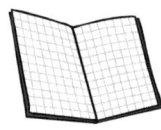

daftar

ምዝገባ

ujian

ፈተና

sertifikat

ሰርተፊኬት

seragam sekolah

የትምህርት ቤት የደንብ ልብስ

pendidikan

ትምህርት

ensiklopedi

አዉደ ጥበብ

universitas

ዩኒቨርስቲ

mikroskop

የምርምር አጉሊ መሳርያ

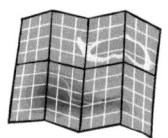

peta

ካርታ

tempat sampah

የቆሻሻ ወረቀት መጣያ ቅርጫት

hotel
ሆቴል
hostel
ማረፊያ ቤት
kantor pertukaran mata uang
የዉጭ ገንዘብ ምንዛሪ ቢሮ
koper
ልብስ መያዣ
ሻንጣ
mobil
መኪና

bahasa

ቋንቋ

ya / tidak

አዎ/ አይደለም

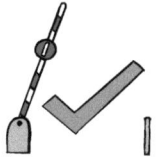

okay

እሺ

hallo

ሰላም

penerjemah

አስተርጓሚ

terima kasih

አመሰግናለሁ

Berapa harganya...?

ስንት ነዉ.......?

saya tidak mengerti

አልገባኝም

masalah

እክል

Selamat malam!

እንደምን አመሹ!

Selamat siang!

እንደምን አደሩ!

Selamat tidur!

መልካም ምሽት!

sampai jumpa

ደህና ይሰንብቱ

arah

አቅጣጫ

bagasi

ሻንጣ

tas

ቦርሳ

ransel

የጀርባ ቦርሳ

tamu

እንግዳ

ruang

ክፍል

kantong tidur

የመተኛ ቦርሳ

tenda

ድንኳን

informasi wisata
....
የጎብኚዎች መረጃ

pantai
....
የባህር ዳርቻ

kartu kredit
....
ክሬዲት ካርድ

sarapan
....
ቁርስ

makan siang
....
ምሳ

makan malam
....
እራት

tiket
....
ቲኬት

elevator
....
አሳንሰር

perangko
....
ማህተም

perbatasan
....
ድንበር

cukai
....
ባህሎች

kedutaan
....
ኤምባሲ

visa
....
ቪዛ/የይለፍ ወረቀት

paspor
....
ፓስፖርት

transportasi

መጓጓዣ

kapal terbang
አዉሮፕላን
perahu
መርከብ
mobil pemadam kebakaran
የእሳት አደጋ መኪና
truk
የጭነት መኪና
bis
አዉቶብስ
perahu motor
የሞተር ጀልባ
sepeda
ብስክሌት
mobil
መኪና

feri

....

የማመላለሻ ጀልባ

perahu

....

ጀልባ

sepeda motor

....

የሞተር ብስክሌት

mobil polisi

....

የፖሊስ መኪና

mobil balapan

....

የዉድድር መኪና

mobil sewa

....

የኪራይ መኪና

berbagi mobil
....
የመኪና መጋራት

truk derek
....
ጎታች መኪና

truk sampah
....
የቆሻሻ ጭነት መኪና

motor
....
ሞተር

bahan bakar
....
ነዳጅ

bensin
....
የቤንዚን ማደያ

tanda lalulintas
....
የመንገድ ምልክት

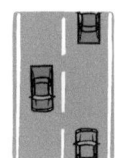

lalulintas
....
የመኪኖች እንቅስቃሴ

macet
....
የመኪና መጨናነቅ

parkir mobil
....
የመኪና ማቆሚያ

stasiun kereta
....
የባቡር ጣቢያ

trek
....
የባቡር ሀዲዶች

kereta api
....
ባቡር

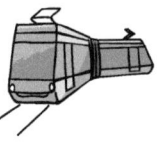

tram
....
የኤሌክትሪክ ባቡር

gerobak
....
ሰረገላ

helikopter

ሄሊኮፕተር

bendara

አየር ማረፊያ

menara

ማማ

penumpang

መንገደኛ

container

ማስቀመጫ፤ ማጠራቀሚያ

karton

ካርቶን እቃ ማሸጊያ

troli

ጋሪ፤ ተሳቢ

keranjang

ቅርጫት

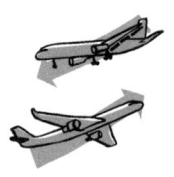

berangkat / mendarat

መነሳት/ ማረፍ

kota

ከተማ

desa

መንደር

pusat kota

የከተማ ማዕከል

rumah

ቤት

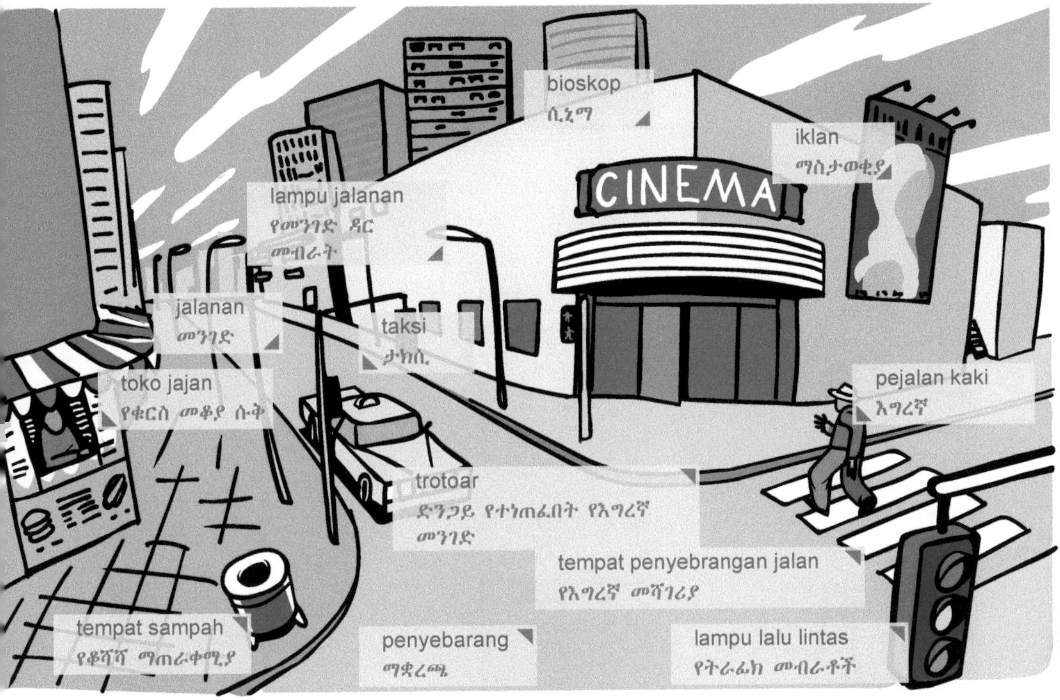

bioskop
ሲኒማ

iklan
ማስታወቂያ

lampu jalanan
የመንገድ ዳር
መብራት

jalanan
መንገድ

taksi
ታክሲ

CINEMA

pejalan kaki
እግረኛ

toko jajan
የቁርስ መቆያ ሱቅ

trotoar
ድንጋይ የተነጠፈበት የእግረኛ
መንገድ

tempat penyebrangan jalan
የእግረኛ መሻገሪያ

tempat sampah
የቆሻሻ ማጠራቀሚያ

penyebarang
ማቋረጫ

lampu lalu lintas
የትራፊክ መብራቶች

gubuk
ጎጆ

rumah flat
አፓርታማ

stasiun kereta
የባቡር ጣቢያ

balai kota
የከተማ አዳራሽ

museum
ቤተ መዘክር

sekolah
ትምህርት ቤት

universitas

ዩኒቨርስቲ

bank

ባንክ

rumah sakit

ሆስፒታል

hotel

ሆቴል

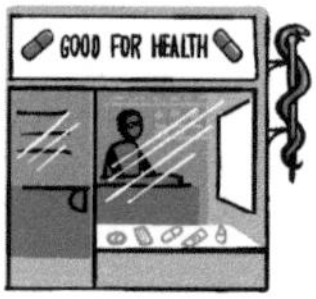

farmasi

መድሐኒት ቤት

kantor

ቢሮ

toko buku

መፅሐፍ መሸጫ

toko

ሱቅ

toko bunga

የአበባ መሸጫ

supermarket

የሸቀጣ ሸቀጥ መደብር

pasar

ገበያ ስፍራ

toko serba ada

መደብር

nelayan

የዓሳ ነጋዴ

pusat belanja

የገበያ ማዕከል

pelabuhan

ወደብ

taman

መናፈሻ ቦታ

banku

አግዳሚ ወንበር

jembatan

ድልድይ

tangga

ደረጃዎች

kereta bawah tanah

ዉስጥ ለዉስጥ

terowongan

ዋሻ

pemberhantian bis

የአዉቶቡስ ፌርማታ

bar

ባር

restauran

ምግብ ቤት

kotak surat

የፖስታ ሳጥን

tanda jalan

የመንገድ ምልክት

meteran parkir

የመኪና ማቆሚያ ሒሳብ የሚያሰላ
ማሽን

kebun binatang

የደር እንስሳት ማቆያ

kolam renang

የመዋኛ ገንዳ

mesjid

መስጊድ

pertanian

እርሻ

polusi

የሚበክል ነገር

kuburan

መቃብር ስፍራ

gereja

ቤተ ክርስቲያን

tempat bermain

መጫወቻ ሜዳ

pura

ቤተ መቅደስ

pemandangan
መልከዓምድር

daun
ቅጠል

penunjuk arah
የመንገድ ላይ
ምልክት

jalanan
መንገድ

padang rumput
አረንጓዴ መስክ

batu
ድንጋይ

pejalak kaki
በእግሩ የሚጓዝ

pohon
ዛፍ

sungai
ወንዝ

rumput
ሳር

bunga
አበባ

lembah

ሸለቆ

bukit

ኮረብታ

danau

ሀይቅ

hutan

ጫካ

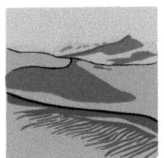

padang gurun

በረሃ

gunung berapi

እሳተ ገሞራ

istana

ግምብ

pelangi

ቀስተ ዳመና

jamur

እንጉዳይ

pohon palem

የቴምብር ዛፍ/ ዘንባባ

nyamuk

ቢንቢ/ የወባ ትንኝ

lalat

በራሪ

semut

ጉንዳን

lebah

ንብ

laba-laba

ሸረሪት

kumbang

....

ጢንዚዛ

kodok

....

እንቁራሪት

tupai

....

ሽኮኮ

landak

....

ጃርት

kelinci

....

ጥንቸል

burung hantu

....

ጉጉት ወፍ

burung

....

ወፍ

angsa

....

የዉሃ ዳክዬ

babi jantan

....

ከርከሮ

rusa

....

አጋዘን

rusa

....

አጋዘን

bendungan

....

ግድብ

turbin angin

....

በነፋስ የሚሽከረከር

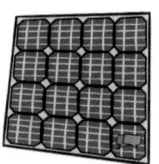

panel surya

....

የፀሀይ ፓኔሎ

iklim

....

አየር ንብረት

restauran
ምግብ ቤት

pelayan
አስተናጋጅ
daftar makanan
ማዉጫ
kursi
ወንበር
sup
ሾርባ
pizza
ፒዛ
peralatan makan
መክተፊያ
taplak
የጠረጴዛ ጨርቅ

hindangan pembuka

የምግብ ፍላጎትን የሚከፍት ምግብ

hidangan utama

ዋና ምግብ

hidangan penutup

ማጣጣሚያ ተከታይ ምግብ

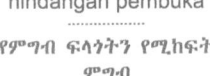

minuman

መጠጦች

makanan

ምግብ

botol

ጠርሙስ

fastfood

ፈጣን ምግብ

masakan jalanan

የመንገድ ምግብ

teko teh

የሻይ ማንቆርቆሪያ

kaleng gula

የስኳር እቃ

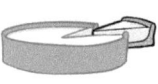

porsi

ድርሻ

mesin espresso

የቡና ማፊያ ማሽን

kursi tinggi

ባለጌ ወንበር

tagihan

የክፍያ ደረሰኝ

baki

ትሪ

pisau

ቢላዋ

garpu

ሹካ

sendok

ማንኪያ

sendok teh

የሻይ ማንኪያ

serbet

ልብስ ምግብ እንዳይነካ የሚረዳ
ጨርቅ

gelas

ብርጭቆ

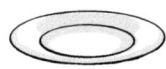

piring

ዝርግ ሰሀን

piring sup

የሾርባ ጎድጓዳ ሰሀን

lepek

የስኒ ማስቀመጫ

saus

ማጣፈጫ ስጎ

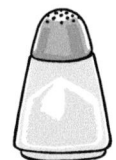

tempat garam

የጨዉ እቃ

gilingan merica

የተፈጨ ቃሪያ

cuka

ኮምጣጤ

minyak

የምግብ ዘይት

bumbu

ቀመማ ቅመሞች

saus tomat

የቲማቲም ድልህ

mustar

ሰናፍጭ

mayones

ማዮኒዝ

supermarket

የሸቀጣ ሸቀጥ መደብር

penawaran khusus
ልዩ አቅራቦት
FOR
klien
ደምበኛ
produk susu
የወተት ተዋፅዖ
buah
ፍራፍሬ
troli
ባለ ጎማ የእጅ ጋሪ

pembantai

ሉካንዳ ነጋዴ

toko roti

መጋገርያ

menimbang

ክብደት መመዘን

sayur

ቅጠላ ቅጠል አትክልት

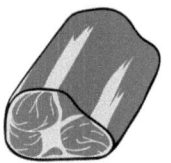

daging

ስጋ

makanan beku

የቀዘቀዘ/የረጋ ምግብ

pemotongan dingin

....

ቀዝቃዛ ቁራጭ

makanan kaleng

....

የታሸገ ምግብ

sabun serbuk

....

የማጠቢያ ዱቄት

permen

....

ጣፋጮች

alat-alat rumah tangga

....

የቤት ዉስጥ ዉጤቶች

obat pembersihan

....

የፅዳት ምርቶች

penjual

....

የሽያጭ ባለሙያ

kasa

....

የገንዘብ መመዝቢያ ማሽን

kasir

....

የሒሳብ ሰራተኛ

daftar belanja

....

የግዢ ዝርዝር

jam buka

....

ክፍት ሰዓታት

dompet

....

የኪስ ቦርሳ

kartu kredit

....

ክሬዲት ካርድ

tas

....

ቦርሳ

kantong plastik

....

የፕላስቲክ ቦርሳ

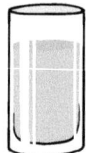

minuman

መጠጦች

air

ውሃ

jus

ጭማቂ

susu

ወተት

cola

ኮካ-ኮላ

anggur

ወይን

bir

ቢራ

alkohol

አልኮል

coklat

ኮካ

teh

ሻይ

kopi

ቡና

espresso

የተፈላ ቡና

cappucino

ካፓቺኖ

makanan

ምግብ

pisang

ሙዝ

apel

ፖም

jeruk

ብርቱካን

semangka

ሀብሀብ

jeruk lemon

ሎሚ

wortel

ካሮት

bawang putih

ነጭ ሽንኩርት

bambu

ሸምበቆ

bawang bombai

ቀይ ሽንኩርት

jamur

እንጉዳይ

kacang

ለዉዝ

mi

የህፃናት ምግብ

spagetti

ፓስታ

nasi

ሩዝ

salat

ሰላጣ

kentang goreng

የድንች ጥብስ

kentang goreng

ድንች ጥብስ

pizza

ፒዛ

hamburger

ዳቦ ዉስጥ በስሱ ተጠብሶ የገባ
ስጋ

sandwich

ሳንድዊች

sayatan

ጥሬ ስጋ

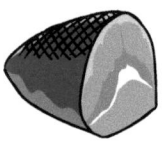

ham

የአሳማ ስጋ

salami

በቅመምና በጨዉ የታሸ ምግብ
ቀዝቅዞ የሚበላ ሾርባ ምግብ

sosis

ቋሊማ

ayam

ዶሮ

menggoreng

ጥብስ

ikan

አሳ

bubur gandum

የአጃ ገንፎ

sereal

ከወተት ጋር ተደባልቀዉ የሚበሉ ምግቦች

cornflakes

የበቆሎ ቅርፊት

tepung

ዱቄት

croissant

ኩራሳ

roti

ድብልብል ዳቦ

roti

ዳቦ

toast

መጥበስ

biskuit

ብስኩት

mentega

ቅቤ

dadih

እርጎ

kue

ኬክ

telur

እንቁላል

telur goreng

እንቁላል ጥብስ

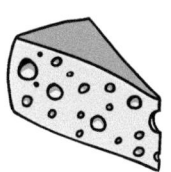

keju

አይብ

eskrim

የበረዶ ክሬም

gula

ስኳር

madu

ማር

selai

ማርማላት

krim nugat

የተናጠ የወተት ክሬም

kare

ማጣፈጫ

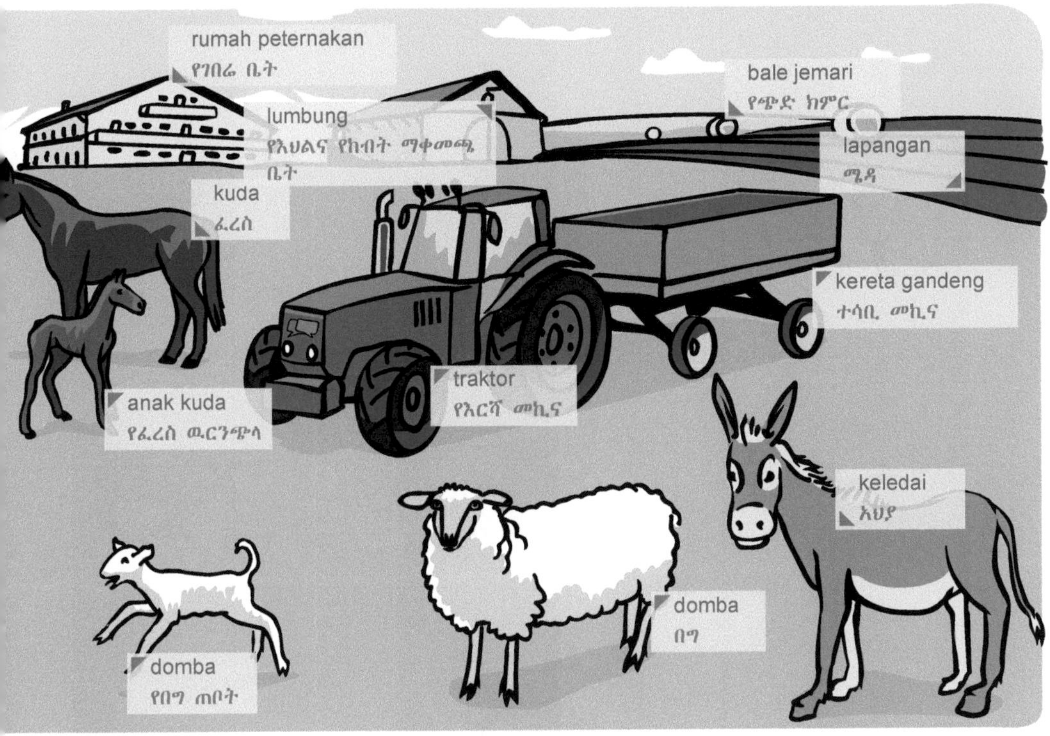

rumah peternakan
የገበሬ ቤት

lumbung
የእህልና የከብት ማቀመጫ
ቤት

bale jemari
የጭድ ክምር

lapangan
ሜዳ

kuda
ፈረስ

kereta gandeng
ተሳቢ መኪና

traktor
የእርሻ መኪና

anak kuda
የፈረስ ዉርንጭላ

keledai
አህያ

domba
በግ

domba
የበግ ጠቦት

kambing

ፍየል

sapi

ላም

betis

ጥጃ

babi

አሳማ

celeng

ግልገል አሳማ

banteng

ኮርማ

angsa

ዝይ

bebek

ዳክዬ

anak ayam

የዶሮ ጫጩት

ayam

ዶር

ayam jantan

አዉራ ዶሮ

tikus

አይጥ

kucing

ደድመት

tikus

አይጥ

lembu

በሬ

anjing

ዉሻ

rumah anjing

የዉሻ ቤት

selang

የአትክልት ቦታ

penyiram

ዉሃ ማጠጫ ባልዲ

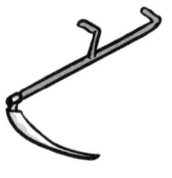

sabit

ረጅም ማጭድ

bajak

ማረሻ

sabit

ማጭድ

cangkul

መኮትኮቻ

garpu rumput

የእህል መንሽ

kapak

መጥረቢያ

gerobak

ኩርኩር/ የእጅ ጋሪ

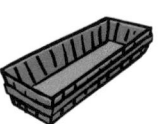

palung

ገንዳ

kaleng susu

የወተት ዕቃ

karung

ጆንያ ከረጢት

pagar

አጥር

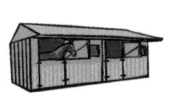

kandang

የፈረስ ጋጣ

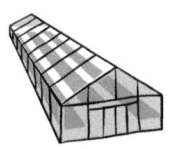

rumah kaca

ዕፅዋት ማሳደጊያ የመስታዉት
ቤት

tanah

አፈር

benih

ዘር

pupuk

የመሬት ማዳበሪያ

mesin pemanen

ጥምር ማረሻ

panen

አዝመራ መሰብሰብ

panen

አዝመራ

yams

ድንች

gandum

ስንዴ

kedelai

ሶያ

kentang

ድንች

jagung

በቆሎ

lobak

የከብት መኖ

pohon buah

የፍሬ ዛፍ

singkong

የካሳቫ ዛፍ

sereal

እህል

rumah

ቤት

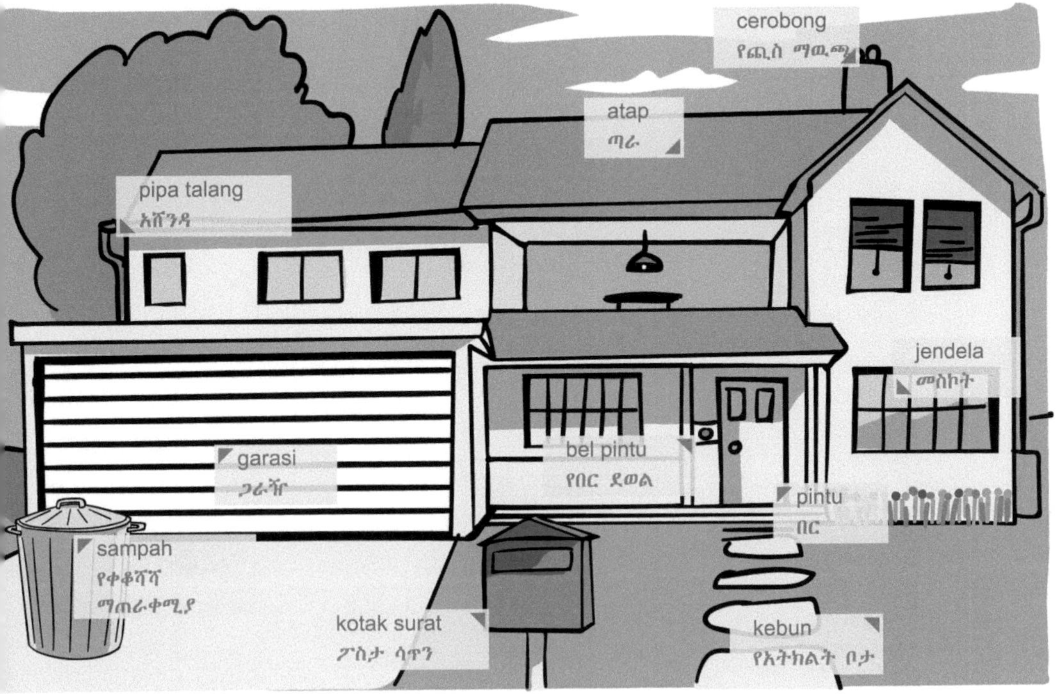
cerobong
የጪስ ማውጫ
atap
ጣራ
pipa talang
አሸንዳ
jendela
መስኮት
bel pintu
የበር ደወል
garasi
ጋራዥ
pintu
በር
sampah
የቆሻሻ
ማጠራቀሚያ
kotak surat
ፖስታ ሳጥን
kebun
የአትክልት ቦታ

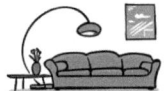

ruang tamu

ሳሎን

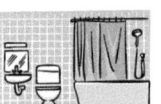

kamar mandi

መታጠቢያ ቤት

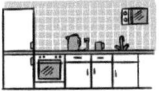

dapur

ማድቤት

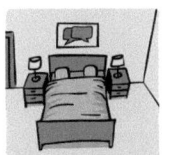

kamar tidur

መኝታ ቤት

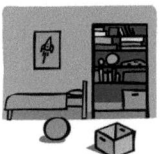

kamar anak

የልጅ ክፍል

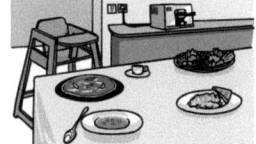

kamar makan

መመገቢያ ክፍል

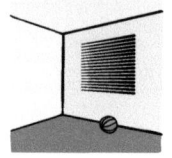

lantai

ወለል

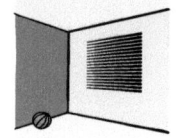

tembok

ግድግዳ

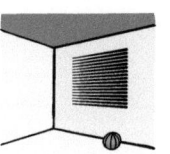

atap

ጣሪያ

gudang di bawah tanah

ምድር ቤት

sauna

በእንፋሎት ሙቀት መታጠቢያ ቤት

balkon

ሰገነት

teras

ከፍ ያለ መደብ

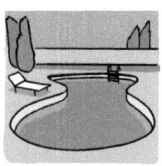

kolam renang

የመዋኛ ገንዳ

mesin pemotong rumput

የማጨጃ መኪና

sprei

አንሶላ

selimut

የአልጋ ልብስ

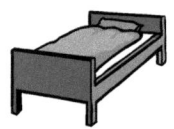

tempat tidur

አልጋ

sapu

መጥረጊያ

ember

ባልዲ

tombol

ማብሪያና ማጥፊያ

ruang tamu

ሳሎን

kertas dinding
የ ድ ዳ ወረቀት
gambar
ፎቶ
lampu
መ ራት
rak
መደርደ ያ
kabinet
ቁም ሳጥን፣ ካቢኔ
televisi
perapian
የእሳት መሞቂያ
bunga
አበባ
bantal
ትራስ
sofa
ፋ
vas
የአበባ ማስቀመጫ
remote control
ሞት ኮንትሮል

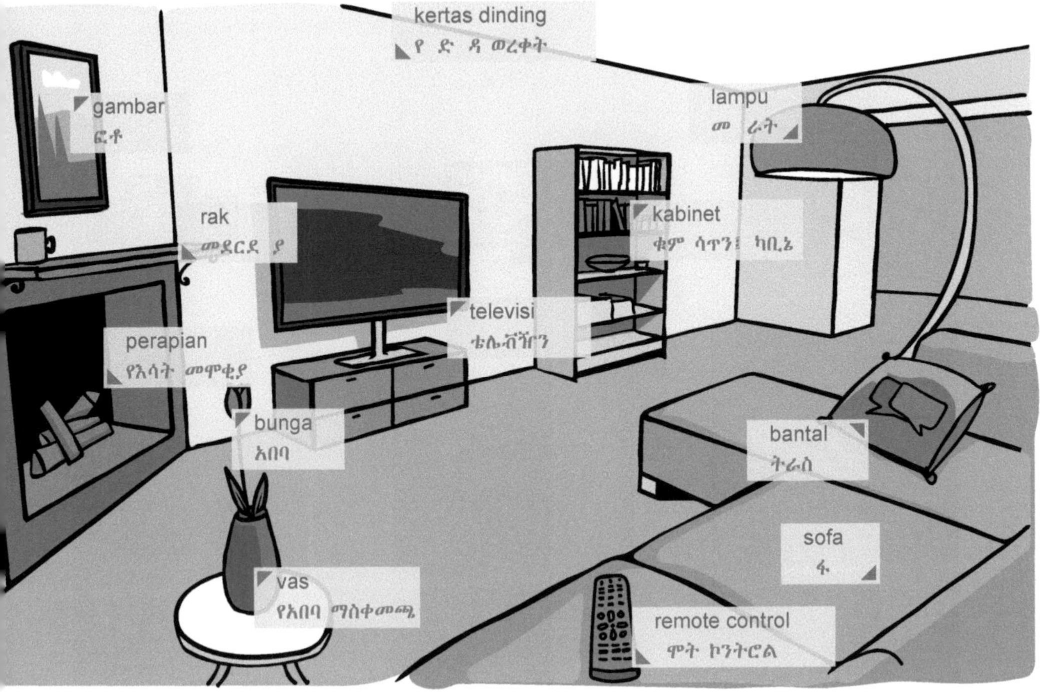

karpet

ንጣፍ

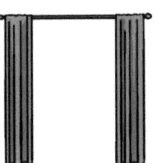

korden

መጋረጃ

meja

ጠረጴዛ

kursi

ወንበር

kursi goyang

ተወዛዋዥ ወንበር

kursi malas

ባለመደገፊያ ወንበር

buku

መጽሐፍ

selimut

ብርድ ልብስ

dekorasi

ጌጥ

kayu bakar

ማገዶ

filem

ፊልም

hi-fi

የሙዚቃ መማሪጫቸ

kunci

ቁልፍ

koran

ጋዜጣ

lukisan

ስዕል

poster

የተለጠፈ ማስታወቂያ እንደ ስዕል

radio

ራዲዮ

buku tulis

ማስታወሻ ደብተር

penyedot debu

የአየር ማዕ� ለምንጣፍ

kaktus

ቁልቋል

lilin

ሻማ

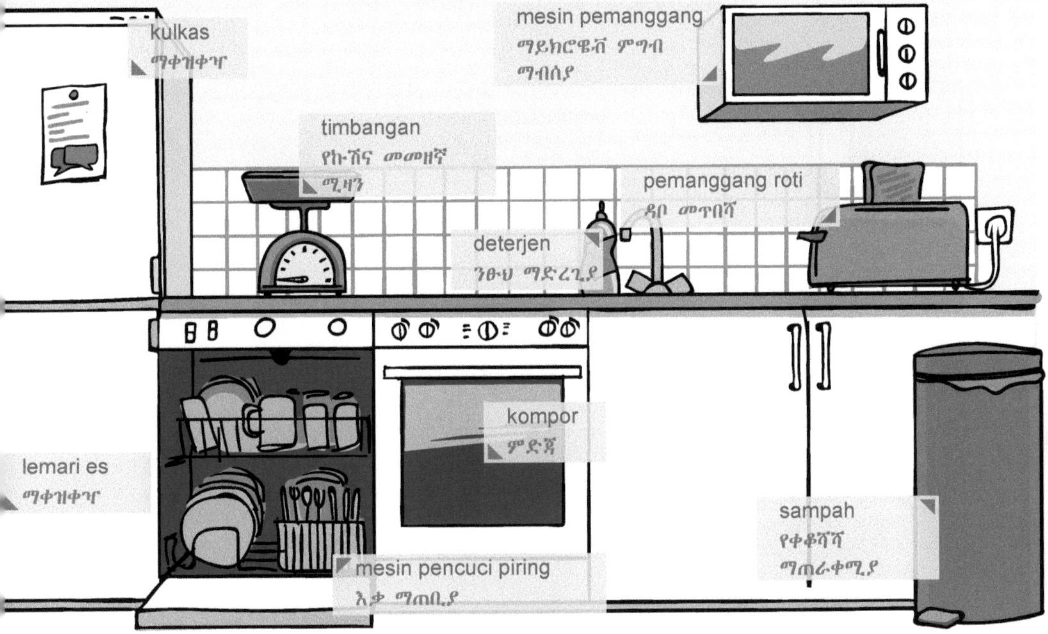

kulkas
ማቀዝቀዣ

mesin pemanggang
ማይክሮዌቭ ምግብ
ማብሰያ

timbangan
የኩሽና መመዘኛ
ሚዛን

pemanggang roti
ዳቦ መጥበሻ

deterjen
ንፁህ ማድረጊያ

kompor
ምድጃ

lemari es
ማቀዝቀዣ

sampah
የቀቆሻሻ
ማጠራቀሚያ

mesin pencuci piring
እቃ ማጠቢያ

kompor
ምግብ አብሳይ

panci
ማሰሮ

panci besi
የብረት ማሰሮ

wajan
ምግብ ማብሰያ ዘርግ ድስት

panci
የምግብ መጥበሻ

pemanas air
ማንቆቆሪያ

panci pengukus makanan

የእንፋሎት ማብሰያ

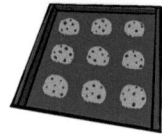

nampan

የመጋገሪያ ትሪ

piring

ሰብስቦች

cangkir

ትልቅ ኩባያ

mangkok

ጎድጓዳ ሳህን

sumpit

ፕስቲክስ

sendok sup

ልፋ

sudip

መሰቅሰቂያ ዝርግ ማንኪያ

mengocok

ማደባለቂያ

saringan

መወጠሪያ

saringan

ወንፊት

parutan

መፈርፈሪያ መሳሪያ

mortir

ሲሚንቶ

barbeque

የፍም ጥብስ

api terbuka

የተለቀቀ እሳት

papan memotong

መክተፊያ

gilingan

ተንሸራታች መርፌ

alat pembuka botol

የጠርሙስ መክፈቻ

kaleng

ጣሳ

pembuka kaleng

የጣሳ መክፈቻ

pegangan panci

የማሰሮ መሸፈኛ

wastafel

ሳህን ማጠቢያ

sikat

ብሩሽ

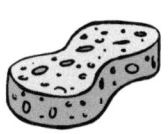

busa

ስፖንጅ

mesin pencampur

መደባለቂያ መሳሪያ

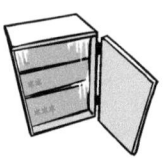

lemari es

በጣም ማቀዝቀዣ

botol bayi

ጡጦ

keran

ቧንቧ

kamar mandi

መታጠቢያ ቤት

mandi
መታጠቢያ
mesin pemanas
ማሞቂያ
handuk
ፎጣ
tirai kamar mandi
የመታጠቢያ ቤት መጋረጃ
mandi busa
የአረፋ መታጠቢያ
bak mandi
የመታጠቢያ ገንዳ
gelas
ብርጭቆ
mesin cuci
የልብስ ማጠቢያ
keran
ቧንቧ
ubin
ማዕዘን ወለል
pispot
wastafel
ሳህን ማጠቢያ

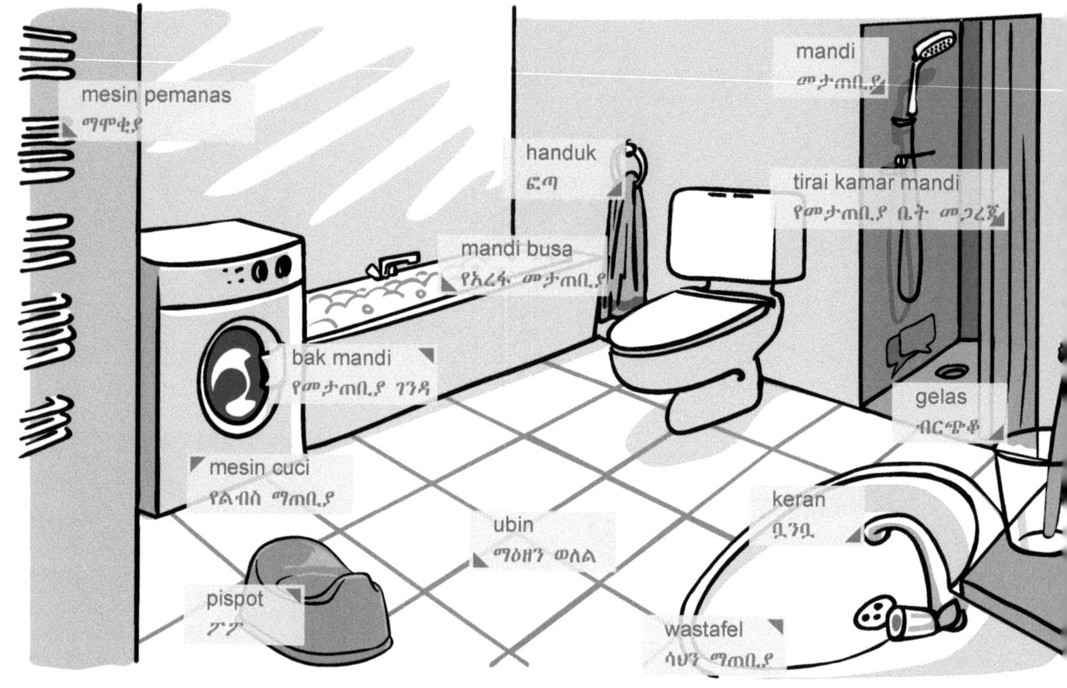

toilet
ሽንት ቤት

toilet jongkok
የሽንት ቤት መቀመጫ

bidet
ሳፋ

pissoir
የመንገድ ዳር መሽኛ

kertas toilet
የሽንት ቤት ወረቀት

sikat toilet
የሽንት ቤት ማፅጃ ብሩሽ

38 kamar mandi - መታጠቢያ ቤት

sikat gigi

የጥርስ ብሩሽ

pasta gigi

የጥርስ ሳሙና

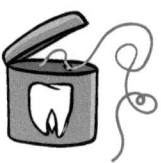

benang gigi

የጥርስ ማፅጃ ክር

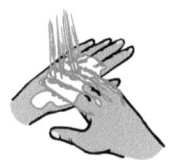

menyuci

መታጠብ

pancuran tangan

የእጅ መታጠቢያ

pancuran

መታጠቢያ

bak

ጎድጓዳ ሳህን

sikat punggung

የጀርባ ብሩሽ

sabun

ሳሙና

gel mandi

መታጠቢያ የሚዝለገለግ ሳሙና

sampo

የፀጉር መታጠቢያ ሳሙና

planel

ለስላሳ ጨርቅ

kuras

ፍሳሽ

krim

ክሬም

deodoran

ጠረን መቀየሪያ ንጥረ ነገር

kaca

መስታወት

cermin tangan

የእጅ መስታወት

pisau cukur

ምላጭ

busa cukur

የመላጫ አረፋ

aftershave

ከመላጨት በኋላ የሚቀባ ሽቱ

sisir

ማበጠሪያ

sikat

ብሩሽ

alat pengering rambut

የፀጉር ማድረቂያ

semprot rambut

በፀጉር ላይ የሚነፋ

makeup

የፊት መቀባቢያ

lipstik

የከንፈር ቀለም

cat kuku

የጥፍር ቀለም

kapas

የጥጥ ሱፍ

gunting kuku

ጥፍር መቁረጫ

minyak wangi

ሽቶ

kantong pencuci

ማጠቢያ ባልዲ

bangku

መቀመጫ

timbangan

ሚዛን

mantel mandi

የመታጠቢያ ልብስ

sarung tangan karet

የላስቲክ ጓንት

tampon

ሞዴስ

handuk pembalut

የፅዳት ፎጣ

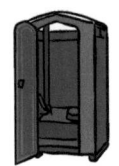

toilet kimia

የሽንት ቤት ኬሚካል

kamar anak

የልጅ ክፍል

jam alarm
boneka tidur
የህፃን አሻንጉሊት
mobil-mobilan
የመጫወቻ መኪና
kelintung
ማንገጫገጫ
መጫወቻ
rumah boneka
የአሻንጉሊት ቤት
kado
ስጦታ

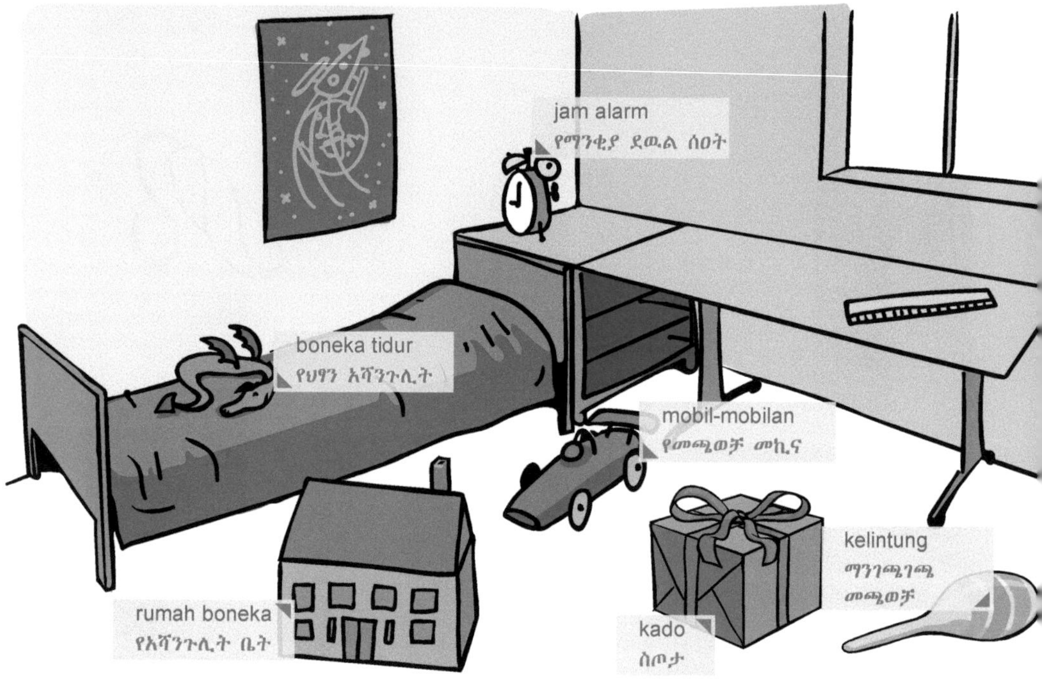

balon

ፊኛ

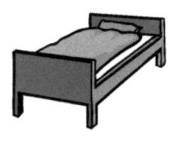

tempat tidur

አልጋ

kereta bayi

የህፃን ማንሸራሸሪያ ጋሪ

mainan kartu

የካርታ መጫወቻ

teka-teki

ቁርጥራጭ ምስሎችን የማገጣጠም
እና ምስል የማግኘት ጨዋታ

komik

አዝናኝ

mainan lego

ተገጣጣሚ መጫወቻ

blok mainan

የመጫወቻ መገጣጠሚያዎች

figur aksi

የድርጊት ምስል

baju monyet

የህፃን እድገት

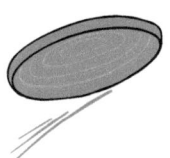

frisbee

የፕላስቲክ መጫወቻ ዝርግ ሰሀን

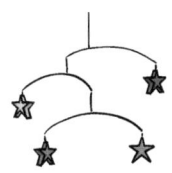

mobile

ተወዛዋዥ የህፃን ማጫወቻ

permainan papan

የሰሌዳ ጨዋታ

dadu

የመጫወቻ ጠጠር

set model kreta api

የመጫወቻ ባቡር

dot

የእንጀራ እናት ጡጦ

pesta

ድግስ

buku gambar

የስዕል መፅሀፍ

bola

ኳስ

boneka

አሻንጉሊት

bermain

መጫወት

tempat main pasir

የአሸዋ መጫወቻ

ayunan

ዥዋዥዌ

mainan

መጫወቻዎች

video game konsol

የቪዲዮ መጫወቻ

sepeda roda tiga

ባለ ሶስት ጎማ ብስክሌት

teddy

የአሻንጉሊት ድብ

lemari pakaian

ቁምሳጥን

pakaian

አልባሳት

kaos kaki

ካልሲዎች

kaos kaki

ስቶኪንጎች

baju ketat

ታይት

syal
የአንገት ልብስ

payung
ዣንጥላ

kaos
ከናቴራ

sabuk
ቀበቶ

sepatu bot
ቡቲ

sandal
የቤት ዉስጥ ነጠላ
ጫማ

sepatu
ስኒከሮች

sandal	sepatu	sepatu bot karet
ነጠላ ጫማዎች	ጫማዎች	የዝናብ ቡትስ

celana dalam	BH	baju rompi
ሙታንታ	ጡት መያዣ	ስደርያ

body

ሰዉነት

celana

ሱሪዎች

jeans

ጅንስ

rok

ጉርድ ቀሚስ

blus

ሸሚዝ

kemeja

ሸሚዝ

aket berkerudung

የሚጠለቅ ሹራብ

sweater

ሹራብ

jaket

ዩኒፎርም ጃኬት

jaket

ጃኬት

mantel

ኮት

jas hujan

የዝናብ ኮት

kostum

ልብስ

gaun

ቀሚስ

gaun pengantin

የሙሽራ ቀሚስ

setelan resmi

ሱፍ

gaun tidur

የለሊት ልብስ

piyama

የለሊት ልብስ

sari

ረጅም ቀሚስ

jilbab

ሂጃብ

turban

ጥምጣም

burka

ቡርቃ

kaftan

ሽርጥ

abaya

አባያ

pakaian renang

የዋና ልብስ

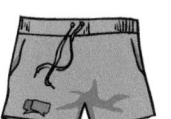

celana renang

አጭር ቁምጣ

celana pendek

ቁምጣዎች

olah raga

የስራ ቱታ

celemek

ሽርጥ

sarung tangan

ጓንት

kancing

ቁልፍ

kacamata

መነፅር

gelang

አምባር

kalung

የአንገት ሀብል

cincin

ቀለበት

anting

የጆሮ ጌጥ

topi

ኮፍያ

gantungan mantel

የኮት መስቀያ

topi

ኮፍያ

dasi

ክረቫት

ritsleting

ዚፕ

helm

የብረት ቆብ

tali selempang

መደገፊያ

seragam sekolah

የትምህርት ቤት የደንብ ልብስ

seragam

የደንብ ልብስ

oto

መሃረብ

dot

የእንጀራ እናት ጡጦ

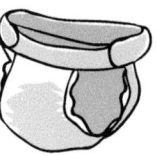

popok

ሽንት ጨርቅ

kantor

ቢሮ

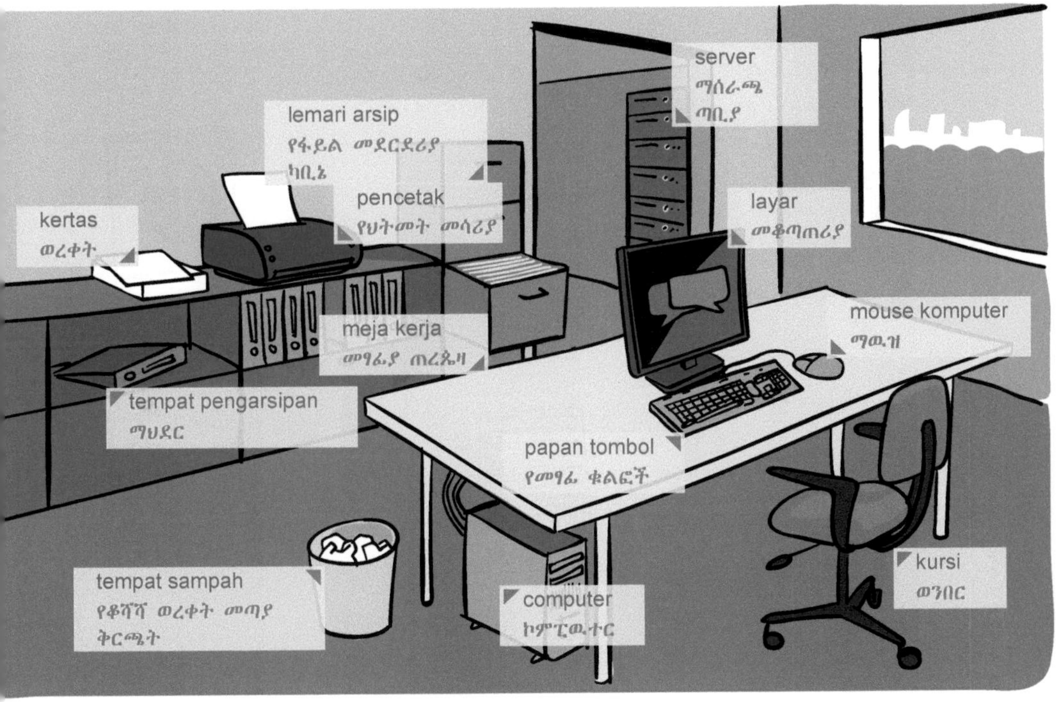

server
ማሰራጫ ጣቢያ

lemari arsip
የፋይል መደርደሪያ ካቢኔ

pencetak
የህትመት መሳሪያ

layar
መቆጣጠሪያ

kertas
ወረቀት

meja kerja
መገልያ ጠረጴዛ

mouse komputer
ማውዝ

tempat pengarsipan
ማህደር

papan tombol
የመግፊ ቁልፎች

tempat sampah
የቆሻሻ ወረቀት መጣያ ቅርጫት

computer
ኮምፒውተር

kursi
ወንበር

cangkir kopi

የቡና መጠጫ ትልቅ ኩባያ

kalkulator

ማስሊያ ማሽን

internet

ኢንተርኔት

laptop

ላፕቶፕ

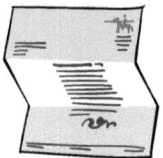

surat

ደብዳቤ

pesan

መልዕክት

telepon seluler

ተንቀሳቃሽ ስልክ

jaringan

የግንኙነት አዉታር

fotokopi

ማባዣ ማሽን

software

ሶፍትዌር

telepon

ስልክ

plug soket

የግድግዳ ሶኬት

mesin fax

የፋክስ ማሽን

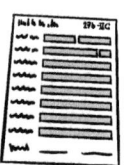

formulir

ቅፅ

dokumen

ሰነድ

membeli

መግዛት

membayar

መክፈል

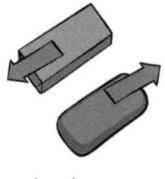

berdagang

መነገድ

uang

ገንዘብ

Dollar

ዶላር

Euro

ዩሮ

Yen

የን

Rubel

ሩብል

Franc Swiss

የስዊዝ ፍራንክ

Renminbi Yuan

ሬንሚንቢ ዩዋን

Rupiah

ሩጲ

ATM

የገንዘብ ነጥብ

kantor pertukaran mata uang

የዉጭ ገንዘብ ምንዛሪ ቢሮ

emas

ወርቅ

perak

ብር

minyak

ዘይት

energi

ሀይል፤ ጉልበት

harga

ዋጋ

kontrak

ግንኙነት

pajak

ቀረጥ

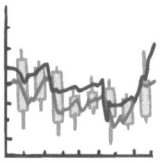

saham

አክስዮን

bekerja

መስራት

karyawan

ተቀጣሪ

majikan

ቀጣሪ

pabrik

ፋብሪካ

toko

ሱቅ

pekerjaan
የስራ ሙያዎች

petugas polisi
የፖሊስ አዛዥ
pemadam kebakaran
የእሳት አደጋ ሰራተኛ
pemasak
ምግብ አብሳይ
dokter
ዶክተር
pilot
አብራሪ

tukan kebun

አትክልተኛ

tukang kayu

አናጢ

penjahit wanita

ልብስ ሰፊ ሴት

hakim

ዳኛ

ahli kimia

ቀማሚ

aktor

ተዋናይ

sopir bis

የአዉቶቢስ ሹፌር

sopir taksi

የታክሲ ሹፌር

nelayan

አሳ አጥማጅ

pembantu

ፅዳት ሰራተኛ

tukang atap

የጣራ ሰራተኛ

pelayan

አስተናጋጅ

pemburu

አዳኝ

pelukis

ሰዓሊ

tukang roti

ጋጋሪ

tukang listrik

የኤሌትሪክ ሰራተኛ

pembangun

ገምቢ

insinyur

መሃንዲስ

tukang daging

ልኳንዳ

tukang ledeng

የቧንቧ ሰራተኛ

tukang pos

የፖስታ ሰራተኛ

tentara

ወታደር

arsitek

መሃንዲስ

kasir

የሒሳብ ሰራተኛ

penjual bunga

አበባ ሻጭ

penata rambut

የፀጉር ሰራተኛ

konduktor

ቲኬት ቆራጭ

montir

መካኒክ

kapten

ካፒቴን

dokter gigi

የጥርስ ሐኪም

ilmuwan

ተመራማሪ

rabbi

መምህር

imam

የሙስሊም ሃይማኖታዊ መሪ

biarawan

መነኩሴ

pendeta

ካህን

alat
መሳሪያዎች

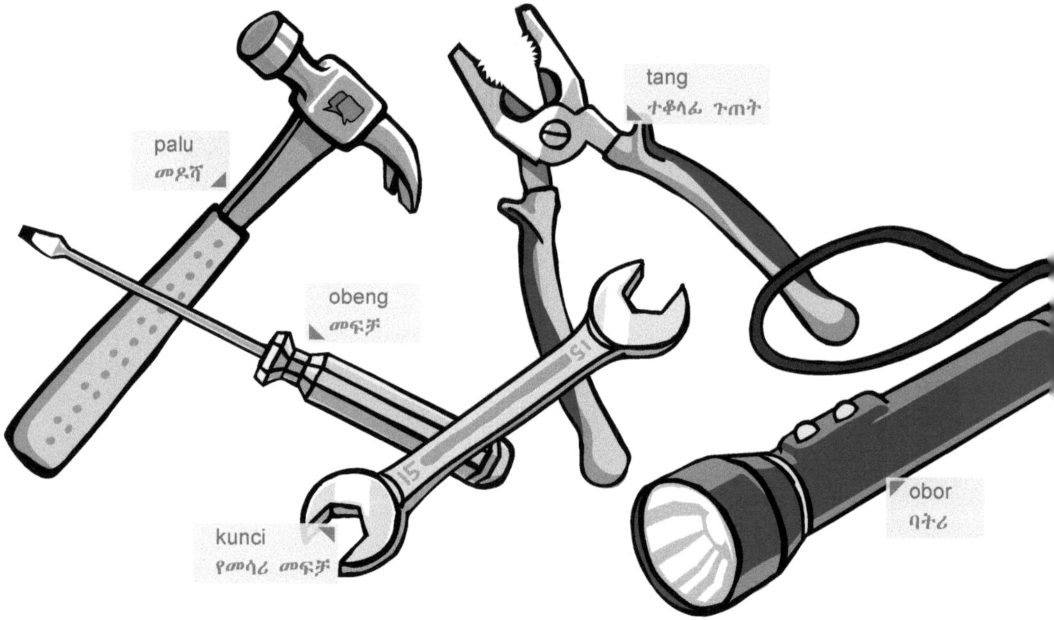

palu
መዶሻ
tang
ተቆላፊ ጉጠት
obeng
መፍቻ
kunci
የመሳሪ መፍቻ
obor
ባትሪ

penggali

በቁፋሮ የሚዝቅ

tas perkakas

የመፍቻ ሳጥን

tangga

መሰላል

gergaji

መጋዝ

paku

ምስማር

bor

መሰርሰሪያ

perbaikan

መጠገን

sekop

አካፋ

Sialan!

የተረገመ!

cikrak

ቆሻሻ ማፈሻ

pot cat

የቀለም ቆርቆሮ

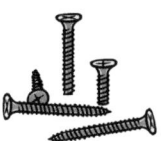

sekrup

ብሎን

alat musik

የሙዚቃ መሳሪያዎች

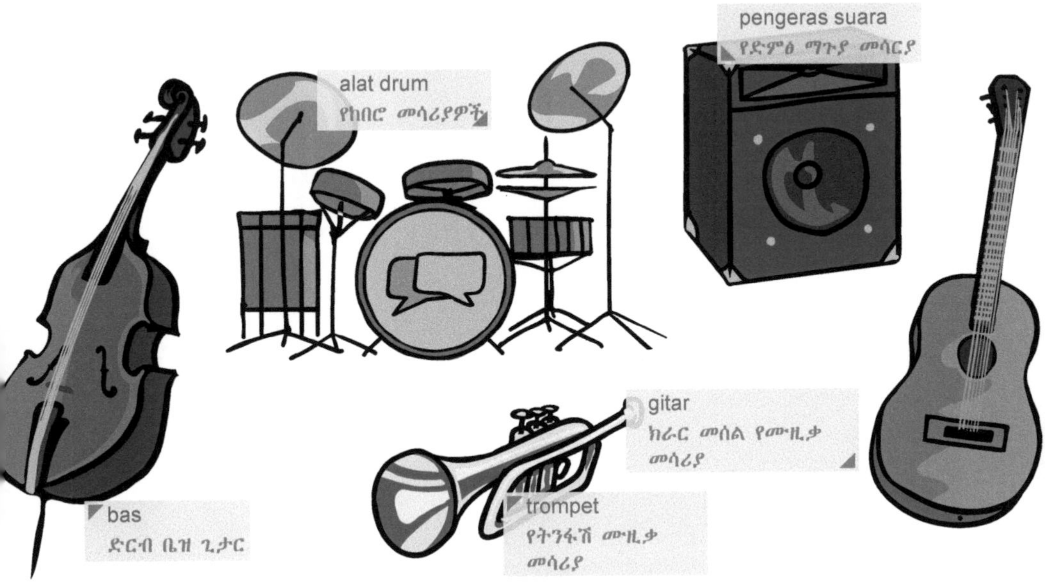

pengeras suara
የድምፅ ማጉያ መሳርያ
alat drum
የከበሮ መሳሪያዎች
gitar
ክራር መሰል የሙዚቃ
መሳሪያ
bas
ድርብ ቤዝ ጊታር
trompet
የትንፋሽ ሙዚቃ
መሳሪያ

alat musik - የሙዚቃ መሳሪያዎች 57

piano

ፒያኖ

violin

ቫዮሊን

bass

ወፍራም፤ ጎርናና ድምፅ ያለዉ ክራር መሰል ሙዚቃ መሳሪያ

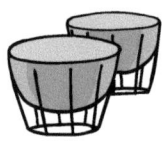

tambur

ነጋሪት

drum

ከበሮ

keyboard

በኤሌክትሪክ የሚሰራ ፒኖ

saksofon

የትንፋሽ ሙዚቃ መሳሪያ

suling

ዋሽንት

mikrofon

የድምፅ ማጉያ

kebun binatang

የደር እንስሳት ማቆያ

macan
ነብር
pintu masuk
መግቢያ
kandang
ሳጥን
sebra
የሜዳ አህያ
pakan ternak
የእንስሳ ምግብ
panda
ትልቅ ድብ

hewan

እንስሳቶች

gajah

ዝሆን

kanguru

ካንጋሮ

badak

አዉራሪስ

gorila

ትልቅ ዝንጀሮ

beruang

ድብ

unta

ግመል

burung unta

ሰጎን

singa

አንበሳ

monyet

ጦጣ

flamingo

ቅልጥመ ረዥም ወፍ

burung beo

በቀቀን

beruang polar

የወዋልታ ድብ

penguin

የዋልታ ወፎች

hiu

ረጅም ጥርሶች ያሉትአሳ ነባሪ

merak

ጣዎስ

ular

እባብ

buaya

አዞ

penjaga kebun binatang

የዱር አራዊት የሚጠበቁበት
ማቆያን የሚጠብቅ

segel

አሳ በሊታ የባህር እንስሳ

jaguar

የዱር ድመት

kuda poni

ድንክ ፈረስ

macan tutul

ነብር

kuda nil

ጉማሬ

jerapah

ቀጭኔ

burung elang

ንስር

babi jantan

ከርከሮ

ikan

አሳ

kura-kura

የባህር ኤሊ

anjing laut

የባህር አዉሬ

rubah

ቀበሮ

kijang

የሜዳ ፍየል፤ ሚዳቋ

olahraga

የስፖርት አይነቶች

american football
የአሜሪካ እግርኳስ
naik sepeda
የብስክሌት ስፖርት
tennis
ቴኒስ
basketbal
የቅርጫት ኳስ
bernang
ዋና
hoki es
የበረዶ ላይ የገና ጨዋታ
tinju
የቡጢ ስፖርት

sepak bola

እግር ኳስ

badminton

የላባ ኳስ ጨዋታ

atletik

አትሌቲክስ

bola tangan

የእጅ ኳስ ስፖርት

main ski

የበረዶ መንሸራተት ስፖርት

polo

ፈረስ ግልቢያ

ketawa
መሳቅ

meloncat
መዝለል

memeluk
ማቀፍ

berjalan
መራመድ

menyanyi
መዝመር

mengimpi
ህልም ማለም

berdoa
መፀለይ

mencium
መሳም

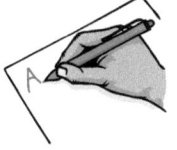

menulis

መፃፍ

melukis

መሳል

menunjuk

ማሳየት

mendorong

መግፋት

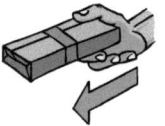

memberikan

መስጠት

mengambil

መዉሰድ

mempunyai

መያዝ

melakukan

ማድረግ

adalah

መሆን

berdiri

መቆም

berlari

መሮጥ

menarik

መሳብ

melempar

መወርወር

jatuh

መዉደቅ

tidur

መዋሸት

menunggu

መጠበቅ

membawa

መሸከም

duduk

መቀመጥ

berpakaian

መልበስ

tidur

መተኛት

bangun

መንቃት

melihat

መመልከት

menangis

ማልቀስ

mengelus

መጬር

menyisir

ማበጠር

berbicara

ማዉራት

mengerti

መረዳት

menanyak

ጥያቄ

mendengar

ማዳመጥ

minum

መጠጣት

makan

መብላት

merapikan

ማንፃት

cinta

ማፍቀር

memasak

ምግብ ማብሰል

menyetir

መንዳት

terbang

መብረር

berlayar

መርከብ መንዳት

menghitung

ቁጥሮችን ማስላት

membaca

ማንበብ

belajar

መማር

bekerja

መስራት

menikah

ማግባት

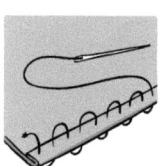

menjahit

መስፋት

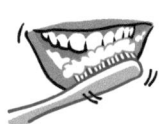

sikat gigi

ጥርስ መቦረሽ

membunuh

መግደል

merokok

ማጨስ

kirim

መላክ

keluarga

ቤተሰብ

nenek
የሴት አያት
kakek
የወንድ አያት
bapak
አባት
ibu
እናት
bayi
ህፃን
putri
ሴት ልጅ
putra
ወንድ ልጅ

tamu

እንግዳ

bibi

አክስት

paman

አጎት

kakak laki

ወንድም

kakak perempuan

እህት

badan

አካል

dahi
ግንባር
mata
bahu
jari
ጣት
muka
ፊት
dagu
አገጭ
tangan
እጅ
kaki
እግር
payudara
ጡት
lengan
ክንድ

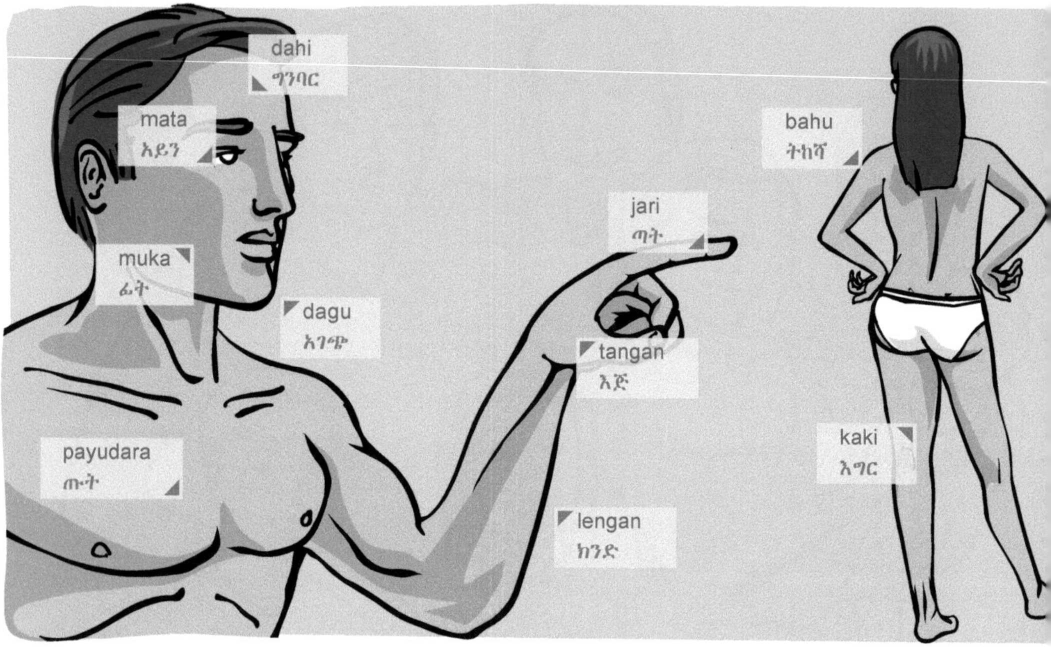

bayi

ህፃን

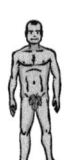

pria

ሰዉ

wanita

ሴት

perempuan

ልጃገረድ

laki

ወንድ ልጅ

kepala

ራስ

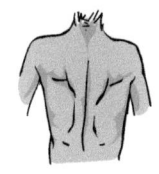

punggung

ጀርባ

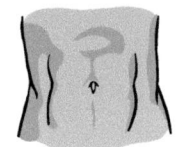

perut

ሆድ

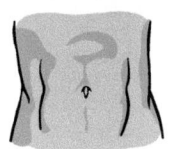

pusar

እምብርት

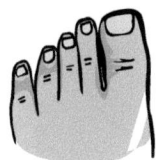

toe

የእግር ጣት

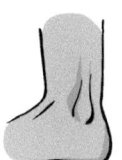

tumit

ተረከዝ

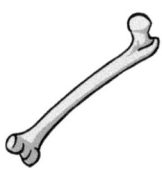

tulang

አጥንት

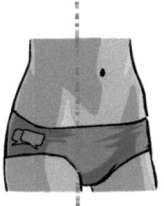

pinggang

ዳሌ

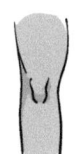

lutut

ጉልበት

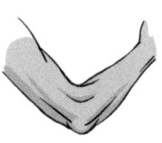

siku

ክርን

hidung

አፍንጫ

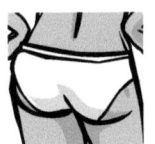

pantat

ቂጥ

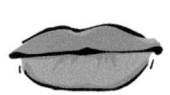

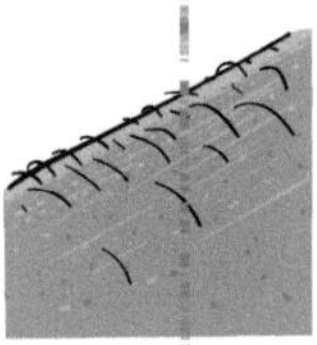

kulit

ቆዳ

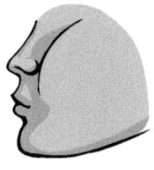

pipi

ጉንጭ

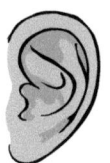

telinga

ጆሮ

bibir

ከንፈር

mulut

አፍ

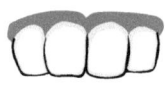

gigi

ጥርስ

lidah

ምላስ

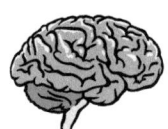

otak

አንጎል

jantung

ልብ

otot

ጡንቻ

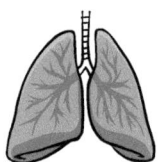

paru-paru

ሳምባ

hati

ጉበት

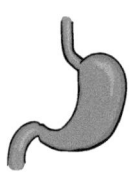

stomach

ሆድ

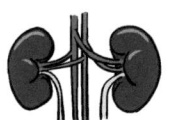

ginjal

ኩላሊቶች

hubungan seks

የግብረ ስጋ ግንኙነት

kondom

ኮንዶም

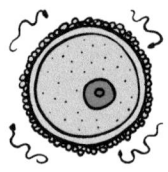

sel telur

የሴት እንቁላል

sperma

የዘር ፈሳሽ

kehamilan

እርግዝና

70   **badan - አካል**

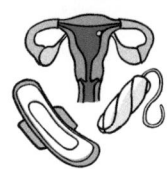

menstruasi

የወር አበባ

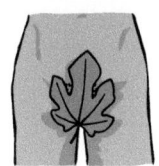

vagina

እምስ

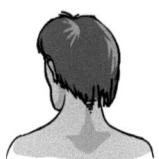

penis

ቁላ

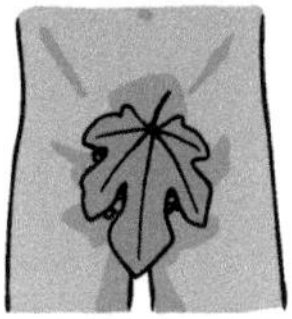

alis

ቅንድብ

rambut

ፀጉር

leher

አንገት

rumah sakit

ሆስፒታል

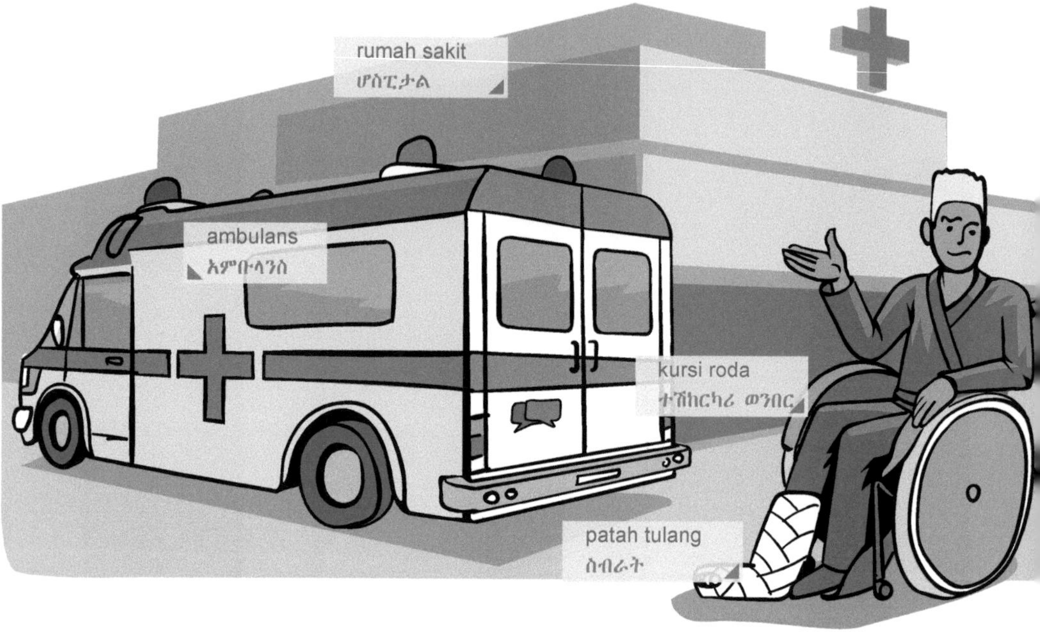

rumah sakit
ሆስፒታል
ambulans
አምቡላንስ
kursi roda
ተሽከርካሪ ወንበር
patah tulang
ስብራት

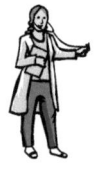

dokter

ዶክተር

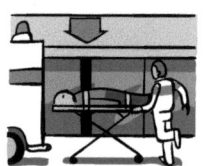

ruang darurat

ድንገተኛ ክፍል

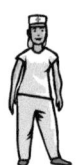

perawat

ነርስ

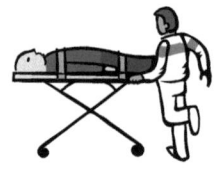

darurat

ድንገተኛ

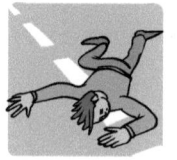

semaput

ራስን መሳት/ አለማወቅ

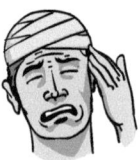

sakit

ህመም

cedera

ጉዳት

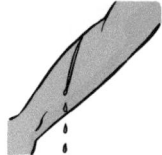

perdarahan

መድማት

serangan jantung

የልብ ድካም

stroke

ስትሮክ

alergi

አለርጂ

batuk

ሳል

demam

ትኩሳት

flu

ኢንፍሎዌንዛ

diare

ተቅማጥ

sakit kepala

የራስ ምታት

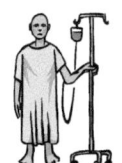

kanker

ካንሰር

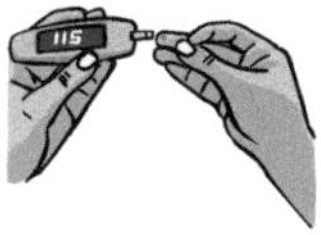

diabetes

የስኳር በሽታ

ahli bedah

ቀዶ ጠጋኝ ሐኪም

pisau bedah

የቀዶ ጥገና ስለት

operasi

ቀዶ ጥገና

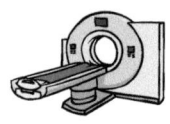

CT

ሲቲ

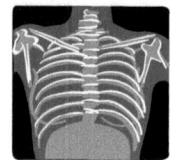

sinar x

ኤክስሬዬ

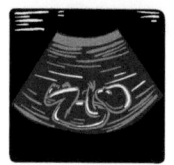

usg

አልትራሳዉንድ

topeng

የፊት ጭምብል

penyakit

በሽታ

ruang tunggu

መጠበቂያ ክፍል

penyokong

ምርኩዝ

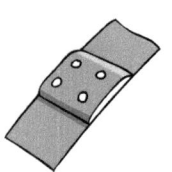

plester

የቁስል ማሸጊያ

perban

ፋሻ

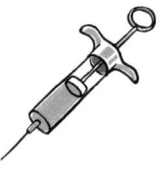

injeksi

መርፌ

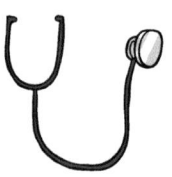

stetoskop

የልብ ምት ማዳመጫ መሳሪያ

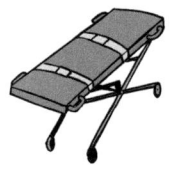

usungan

የበሽተኛ አልጋ

termometer klinis

የህክምና ሙቀት መለኪያ መሳሪያ

kelahiran

መውለድ

kelebihan berat badan

ከልክ ያለፈ ክብደት

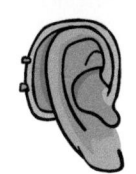

alat pendengar

ለመስማት የሚረዳ መሳሪያ

desinfektan

ፀረ ተባይ መድሀኒት

infeksi

ማመርቀዝ

virus

ቫይረስ

HIV / AIDS

ኤች አይቪ ኤድስ

obat

ህክምና

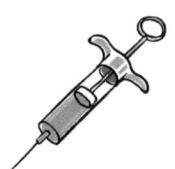

vaksinasi

ክትባት

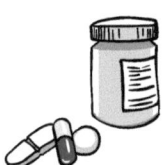

tablet

ኪኒን

pil

ኪኒን

panggilan darurat

አስቸኳይ የስልክ ጥሪ

ukur tekanan darah

ደም ግፊት መቆጣጠሪያ

sakit / sehat

ህመም/ ጤንነት

darurat

ድንገተኛ

Tolong!

እርዳታ!

alarm

ማንቂያ ደወል

penyerbuan

ጥቃት

serangan

ድብደባ

bahaya

አደጋ

pintu darurat

የድንገተኛ መዉጫ

Api!

እሳት!

alat pemadam kebakaran

እሳት ማጥፊያ

kecelakaan

አደጋ

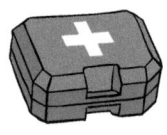

kit pertolongan pertama

የመጀመሪያ እርዳታ መድሃኒት መያዣ

SOS

ነፍስ አድን

polisi

ፖሊስ

Eropa

አዉሮፓ

Amerika Utara

ሰሜን አሜሪካ

Amerika Selatan

ደቡብ አሜሪካ

Afrika

አፍሪካ

Asia

እስያ

Australi

አዉስትራሊያ

Atlantik

አትላንቲክ

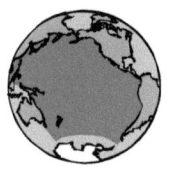

Pasifik

ፓስፊክ

Samudra India

የህንድ ዉቅያኖስ

Samudra Antartika

አንታርክቲክ ዉቅያኖስ

Samudra Arktik

አርክቲክ ዉቅያኖስ

kutub utara

ሰሜን ዋልታ

kutub selatan

ደቡብ ዋልታ

Antarktika

አንታርክቲካ

bumi

ምድር

tanah

መሬት

laut

ባህር

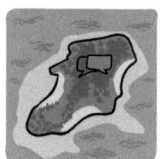

pulau

ደሴት

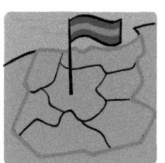

bangsa

አገርና ህዝብ

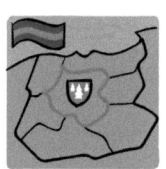

negara

መንግስት

jam
ሰዓት

jam wajah

የሰዓት ገፅታ

jarum pendek

ሰዓት

jarum menit

ደቂቃ

jarum detik

ሴኮንድ

Jam berapa?

ስንት ሰዓት ነው?

hari

ቀን

waktu

ጊዜ

sekarang

አሁን

jam digital

የቁጥር ሰዐት

menit

ደቂቃ

jam

ሰዓታት

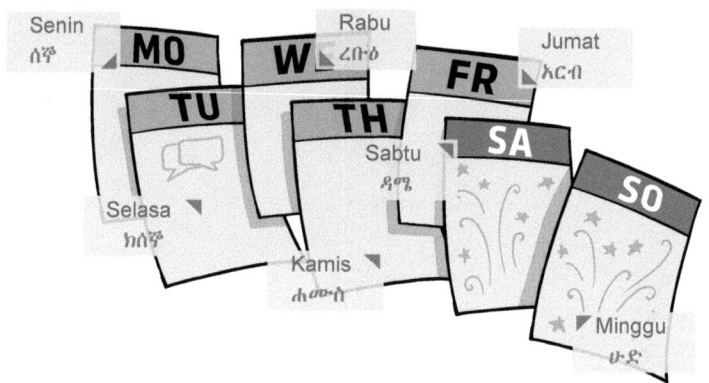

Senin
ሰኞ

Rabu
ረቡዕ

Jumat
ኣርብ

Selasa
ክሰኞ

Sabtu
ዳሜ

Kamis
ሐሙስ

Minggu
ሁድ

kemaren

ትላንት

hari ini

ሬ

besok

ገ

pagi

ለዳ

siang

ቀትር

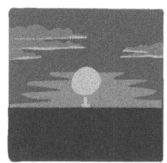

malam

ምሽት

MO	TU	WE	TH	FR	SA	SU
1	2	3	4	5	6	7
8	9	10	11	12	13	14
15	16	17	18	19	20	21
22	23	24	25	26	27	28
29	30	31	1	2	3	4

hari kerja

የስራ ቀናት

MO	TU	WE	TH	FR	SA	SU
1	2	3	4	5	6	7
8	9	10	11	12	13	14
15	16	17	18	19	20	21
22	23	24	25	26	27	28
29	30	31	1	2	3	4

akhir minggu

የዕረፍት ቀናት

tahun

ዓመት

hujan
ዝናብ
pelangi
ቀስተ ዳመና
a
salju
ጥጥ የሚመስል አመዳይ
በረዶ
musim semi
ፀደይ
musim panas
በጋ
musim gugur
መኸር
musim dingin
ክረምት

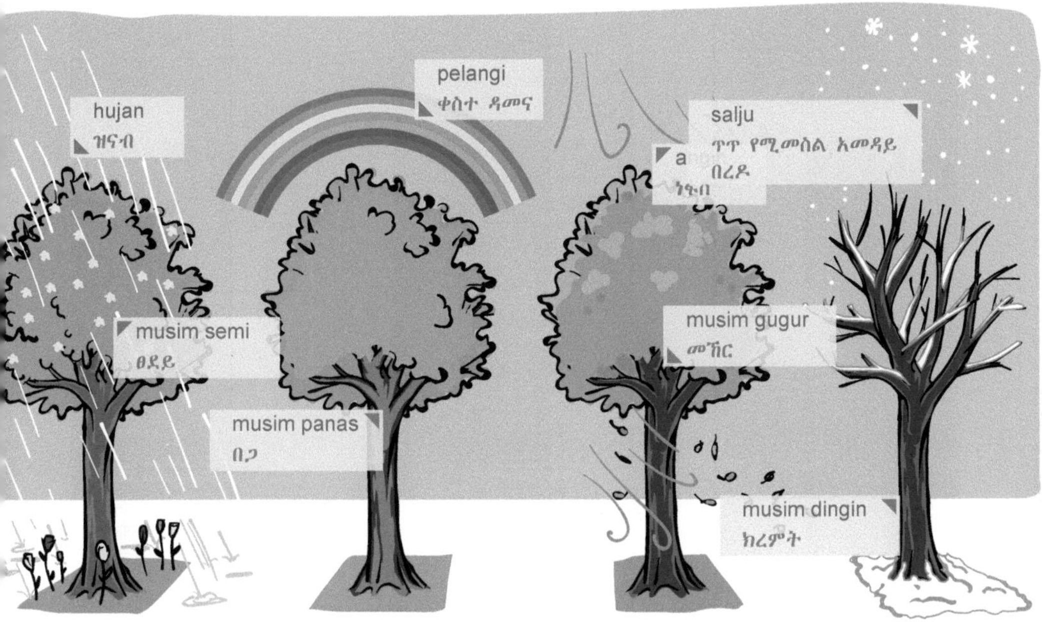

ramalan cuaca
....
የአየር ሁኔታ ትንበያ

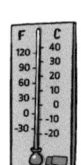

termometer
....
የሙቀት መለኪያ

matahari
....
የፀሀይ ሙቀት

awan
....
ደመና

kabut
....
ጭጋግ

kelembahan
....
እርጥበታማነት

kilat

መብረቅ

guntur

ነጎድጓድ

badai

አዉሎ ንፋስ

hujan es

የበረዶ ዝናብ

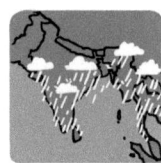

monsun

አዉሎ ንፋስ

banjir

ጎርፍ

es

በረዶ

Januari

ጥር

Februari

የካቲት

Maret

መጋቢት

April

ሚያዚያ

Mei

ግንቦት

Juni

ሰኔ

Juli

ሐምሌ

Agustus

ነሀሴ

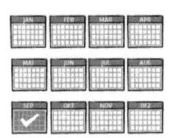

September
መስከረም

Oktober
ጥቅምት

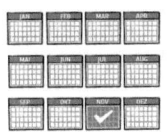

November
ህዳር

Desember
ታህሳስ

bentuk
ቅርፆች

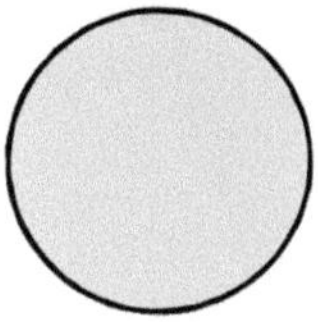

lingkaran
ክብ

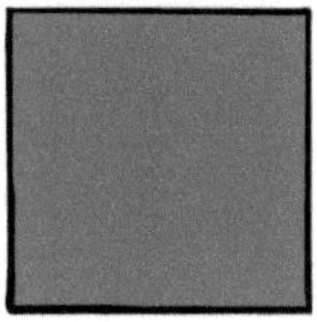

persegi
አራት ማዕዘን

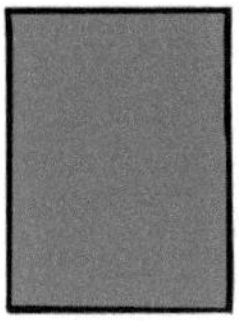

persegi panjang
አራት ቀጥተኛ ማዕዘኖች ጎኖች
ያሉት ቅርፅ

segi tiga
ሶስት ማዕዘን

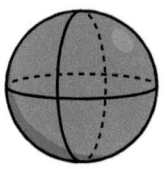

bola
ሉል

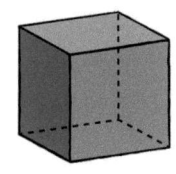

kubus
ስድስት ጎን ያለዉ ቅርፅ

warna-warna

ቀለማት

putih

ነጭ

kuning

ቢጫ

oranye

ብርቱካናማ

pink

ሮዝ

merah

ቀይ

ungu

ወይን ጠጅ

biru

ሰማያዊ

hijau

አረንጓዴ

coklat

ቡኒ

abu-abu

ግራጫ

hitam

ጥቁር

berlawanan

ተቃራኒዎች

banyak / sedikit

ብዙ/ ጥቂት

marah / tenang

ንዴት/ እርጋታ

cantik / jelek

ቆንጆ/ አስቀያሚ

mulaih / selesai

ጅማሬ/ ፍፃሜ

besar / kecil

ትልቅ/ ትንሽ

terang / gelap

ደማቅ/ ደብዛዛ

audara laki-laki / saudara perempuan

ወንድም/ እህት

bersih / kotor

ንፁህ/ ቆሻሻ

lengkap / tidak lengkap

የተሟላ/ ያልተሟላ

hari / malam

ቀን/ ምሽት

mati / hidup

የሞተ/ ህያዉ

luas / sempit

ሰፊ/ ጠባብ

dapat dimakan / tidak dapat dimakan

የሚበላ/ የማይበላ

jahat / baik

ክፉ/ ደግ

bersemangat / bosan

ደስተኛ/ ድብርተኛ

gemuk / kurus

ወፍራም/ ቀጭን

pertama / terakhir

መጀመርያ/ መጨረሻ

teman / musuh

ጓደኛ/ ጠላት

penuh / kosong

ሙሉ/ ጎዶሎ

keras / lembut

ጠንካራ/ ለስላሳ

berat / enteng

ከባድ/ ቀላል

lapar / haus

ረሃብ/ ጥማት

sakit / sehat

ህመም/ ጤንነት

ilegal / legal

ህገወጥ/ ህጋዊ

cerdas / bodoh

ጎበዝ/ ደደብ

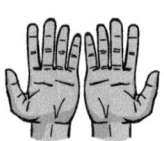

kiri / kanan

ግራ/ ቀኝ

dekat / jauh

ቅርብ/ ሩቅ

baru / bekas

....

አዲስ/ አሮጌ

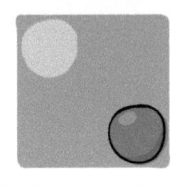

tidak ada apapun / sesuatu

....

ምንም/ የሆነ ነገር

tua / muda

....

ሽማግሌ/ ወጣት

nyala / mati

....

የበራ/ የጠፋ

buka / tutup

....

ክፍት/ ዝግ

tenang / keras

....

ፀጥታ/ ጫጫታ

kaya / miskin

....

ሃብታም/ ደሃ

benar / salah

....

ትክክለኛ/ የተሳሳተ

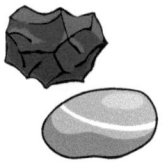

kasar / halus

....

ሻካራ/ ለስላሳ

sedih / gembira

....

ሐዘን/ ደስታ

pendek / panjang

....

አጭር/ ረዥም

pelan-pelan / cepat

....

ዝግተኛ/ ፈጣን

basah / kering

....

እርጥብ/ ደረቅ

hangat / sejuk

....

ሞቃት/ ቀዝቃዛ

perang / damai

....

ጦርነት/ ሰላም

angka-angka
ቁጥሮች

0	1	2
nol	satu	dua
ዜሮ	አንድ	ሁለት
3	4	5
tiga	empat	lima
ሶስት	አራት	አምስት
6	7	8
enam	tujuh	delapan
ስድስት	ሰባት	ስምንት
9	10	11
sembilan	sepuluh	sebelas
ዘጠኝ	አስር	አስራ አንድ

12

duabelas

አስራ ሁለት

13

tigabelas

አስራ ሶስት

14

empatbelas

አስራ አራት

15

limabelas

አስራ አምስት

16

enambelas

አስራ ስድስት

17

tujuhbelas

አስራ ሰባት

18

delapanbelas

አስራ ስምንት

19

sembilanbelas

አስራ ዘጠኝ

20

duapuluh

ሃያ

100

seratus

መቶ

1.000

seribu

ሺህ

1.000.000

juta

ሚሊዮን

bahasa-bahasa
ቋንቋዎች

Inggris

እንግሊዝኛ

bahasa Inggris Amerika

የአሜሪካ እንግሊዝኛ

bahasa Cina Mandarin

የቻይና ማንዳሪን

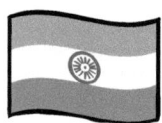

bahasa Hindi

ሂንዱ

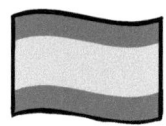

bahasa Spanyol

ስፓኒሽ

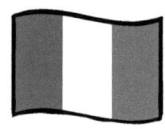

bahasa Perancis

ፍሬንች

bahasa Arab

አረብኛ

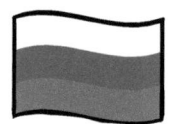

bahasa Rusia

ራሺያኛ

bahasa Portugis

ፖርቱጊዝ

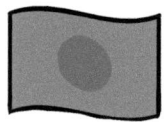

bahasa Bengal

ቤንጋሊ

bahasa Jerman

ጀርመን

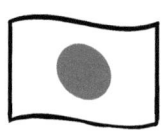

bahasa Jepang

ጃፓንኛ

siapa / apa / begaimana

ማን/ ምን/ እንዴት

saya

እኔ

kamu

አንተ

dia

እሱ/ እርሷ/ እቃዉ

kita

እኛ

kalian

አንተ

mereka

እነርሱ

siapa?

ማን?

apa?

ምን?

begaimana?

እንዴት?

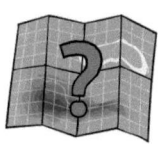

dimana?

የት?

kapan?

መቼ?

nama

ስም

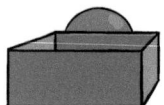

dimana

የት

dibelakang

በስተጀርባ

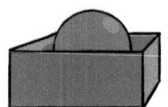

di

ዉስጥ

didepan

ከፊት ለፊት

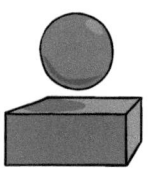

diatas

ከላይ

diatas

ላይ

dibawah

ከስር

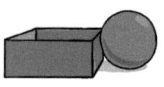

sebelah

አጠገብ

di antara

መሃከል

tempat

ቦታ